오늘도 사랑이라 믿어

오늘도 사랑이라 믿어
김선우 시집

1판 1쇄 인쇄 2008년 10월 25일
1판 1쇄 발행 2008년 10월 31일

지은이_김선우
펴낸이_김용성
주　간_장광혁
펴낸곳_갑을패
주소_서울시 동대문구 이문 2동 346-41 영일빌딩 2층(130-831)
전화_02-962-9154 | 팩스_02-962-9156
홈페이지_http//www.LnBpress.com | 전자우편_lawnbook@hanmail.net
출판등록_2003년 8월 19일

ISBN 978-89-91622-19-7 03800

책값은 뒤표지에 있습니다.

오늘도 사랑이라 믿어

김선우 시집

갑을패

시인의 말

• • •

나는 용감한건지 푼수덩어리인지
내가 나를 생각해도 참 당돌하다.
내 글을 읽는 사람들이 흉을 보는지
좋아하는지 생각지도 않고 느끼는 생각과
하고 싶은 말을 그냥 쓴다.

나는 사랑하는 이야기를 솔직하게 표현한다.
나라를 사랑하고 부모와 가족을 사랑하며
친구들과 이웃을 사랑하면서
살아온 인생을 뒤돌아보기도 하고
우리 새마을 가족들을 사랑하며
내 몸을 담고 있는 하늘과 땅을 사랑하고
나를 담아낼 수 있는 나의 모든 마음을 사랑하며
표현하고 싶어 글을 쓴다.

마음도 여리고 소심하며 보수적인 성격
때문인지
무척 고지식한 편이다.
그러나 누가 뭐라고 하든 말든, 나이조차도 잊고
쓰고 싶은 글을 쓴다는 자체만으로도
행복할 따름이다.

• • •

요즘들어
꽃방(화원)에 앉아 있으면 고요가 밀려옴과 동시에
왜 그리 그리운 사람들이 많은지....
그래서 자꾸 글을 쓰게되나 보다.
또 한 권의 시집을 펴낸다.

묵묵히 내조하며 격려해 주는
사랑하는 아내 김순자님
싫은 기색 하나없이 내 글을 정리해주는
김애순 과장
늦게나마 글을 쓰겠다는 나에게 용기를 아끼지 않은
김하리 시인
그리고
늘 헌신적으로 그늘진 곳을 찾아가
봉사활동을 하는 우리 새마을 가족
한 분 한 분에 진심으로 감사드리며
엎드려 큰절을 올린다.

이천팔년 시월의 마지막 날
김선우

1부

마음의 길

2부 그대여

1부

마음의 길

오직

그대에게
더 이상 무슨 말을 하겠소
어제도
오늘도
그대를 사랑한다고
내일도 당신을 사랑한다는
말밖엔 없답니다

그래도
무언가 말하라고 한다면
나는
당신을
죽어서도 사랑하겠노라고
말하리다.

고향 생각

영마루 한가로이 구름 쉬어가
가을 어느 날 오후
소슬한 바람부니
가슴도 소슬합니다
물소리
산새 소리
모두 고향 같은데
조각구름 느즈막히 피어 오르니
한가롭기만 합니다.

저 밝은 달
내 마음 비춰주듯
고향에도 비춰주겠지요
어느덧 산등성이에는
낙엽이 물들어가는 가을입니다.

공연히

공연히 세상에 태어나서
사랑과 아픔 그리고 아쉬움과
그리움만 남기고
떠나갑니다

공연히 이 세상에 와서
후손들이 영원히 살아갈 이 땅에
더러운 찌꺼기만 남기고
떠나갑니다

그러나 단 하나
그대 애틋한 사랑 하나
가슴에 담고
떠나갑니다.

커피향

언제부터인지
내 안에선 그리움이 싹트고
바람과 구름
오가는 길목
깊은 밤
달과 별 벗 삼으니
가슴이 아려오네요

임이여
그대 사랑하는 마음
아침결
코끝을 스치는 커피향으로라도
포근한 가슴에
모든 것을 담아
비밀스러움으로
고히 간직하렵니다.

첫사랑 · 1

임을 처음 보았을 때
임의 따뜻한 눈빛에서
나를
포근히 감싸 안을 듯한
눈빛에
가슴이 설레었습니다

임을 두 번째 보았을 때
임의 눈빛에서
사랑스런 눈빛을 보았으며
이 세상에서
둘도 없는
내 사랑임을 느껴
내 가슴에 임을 담아 소중히
간직하고 싶어졌습니다

임을 세 번째 보았을 때
임의 눈빛은
근심과 걱정으로 가득하여
나는
하늘이 무너지고
땅이 꺼지는 아픔에
마음이 아려와
한없이 울고 말았습니다.

첫사랑 · 2

이른 새벽에
눈을 뜨면 가장 먼저
가슴에
떠오르는 그대여

태양보다도 먼저
내 가슴에
떠오르는 그대여

햇살보다도
더
따뜻하게
내 마음을 비춰주는 그대여

진정 나는
그대를 사랑합니다.

이름만 남겨 놓고
떠나간 그대

오늘도 사랑이라 믿어
그리움만 안고
살아갑니다

언젠가는
이름만 남겨 놓고
떠나갈 그대이지만
그대의
밝은 미소
나즈막하면서도
차분한 음성
속넓은 말 한 마디
잊지 못해
애만 태웁니다

행여나 먼곳에
떨어져 살다보면
잊혀지겠지 하고 생각해 보지만
아려오는 아픈 마음
말로는 다할 수 없어
오늘도 가슴 열어 보이고
이렇게
그리움만 키웁니다

임이여
그대 마음
멀리 있어
가슴 터지는
사랑이라 하지만
나는
한 번이라도
그대를 타인이라
생각해 본 적이 없습니다.

당신은 그런 사람

돌아서면
하고 싶은 말 있는 것같은 사람
허공을 쳐다보면
하늘을 도화지 삼아
그 얼굴 그려보고 싶은 사람

한번쯤은
만났던 사람같은 사람
허락될 수 없어
다음 생에 만날 것을 약속한 사람

그대 얼굴 알 듯 모를 듯
생각나지 않아
자꾸자꾸 생각하게 하는 사람
자꾸자꾸 생각하니
이제는
마냥 그리운 사람

당신은 내게 그런 사람입니다.

들꽃이라도

그대여
꽃을 사랑한다면
들꽃이라고 꺾지 말고
가꾸어 주어요

꽃은 꺾으면
잠시
손에 쥐고 볼 수 있으나
오래 두고 볼 수 없답니다
진정 꽃을 사랑하다면
꽃이 자연스럽게 질 때까지
가꾸어 보살펴주면
오래도록 언제든지
보고 싶을 때
볼 수가 있으니까요

그대여
꽃을 사랑하다면 꺾지 말고
가꾸어 주어요.

마음 · 1

친지 친구들의
사랑이
아무리
깊고 넓다 하여도

그대의
올바르고 진실한 마음으로
사랑을 준다면

나는
그 사랑을
하늘보다 높고
바다보다 깊은
사랑이라 믿어

가슴 깊이
새겨두겠습니다.

마음 · 2

보이지도 않으며
볼 수도 없는 마음
참으로
미묘한 것이 마음입니다

마음은
마음으로 좋아하는 것이라면
이기적인 마음으로
공상하며
마음속으로 찾아듭니다

그러나
지혜로운 사람은
그 마음을 잘 다스리지요

잘 다스려진 그 마음은
행복의 근원이기 때문입니다.

세월

꽃이
시든다고
누구를 탓하겠습니까

온갖 만물들도
세월따라 시들어가는데

아
숲에 묻혀 사는 이의
고운 마음
숲에 어려
긴 세월 돌아보니

무엇인가
그립기만 하구료.

나는 외롭지 않습니다

아무도 나를 찾아주지 않아도
나는 외롭지 않습니다

흐르는 물소리
가슴속까지 시원하게 스며드는 바람
사방을 둘러봐도
싫지 않은 산과 들
노래를 불러주는 산새들
바람에 실려오는 풀내음

그리고
내 가슴속에는 그대가 있기에
아무도 나를
찾아주지 않아도
나는 외롭지 않습니다.

화원에서

며칠 동안
오도가도 않은 채
나 홀로 적막강산에
갇혀있을 때

새삼스럽게
이 세상에 혼자인 듯
순수한 내 자신이 되어
둘레의 사물들
그리고
꽃들과 일체감을
나누고 있습니다

그리고
눈이 그쳐
달이 내 가슴 드리울 때
임의 얼굴이 보였답니다

임의 생각인지
타인의 생각인지는
모르지만
임의 마음만 찾아들어
혼자만의 적막을
임이
깨뜨렸답니다

사랑하는 일이여
임은
대견스럽기도 하지만
또한
예쁘기도 하고
밉기도 하답니다.

열정

가슴이 에이도록
그리운 임이여

임을
내 가슴에 녹여
영원히 함께 할 수 있다면
천 길 만 길
지옥에 간다 하여도

후회하지
않겠습니다.

사랑이란

사랑이란
즐거움은 잠시 뿐

늘
괴롭고
쓸쓸하고
마음 아프고
보고 싶고
그리웁고

끝내는
혼자 울기도 합니다.

그리움

임을 잊지 못해
괴로워하는 마음 누가 알리요
잊어야 하는 줄
뻔히 알면서 잊지 못하는 마음
가슴 에이도록
마음이 아파옵니다

이러면
안되는 줄 알면서
이러는 내가
정말 싫어
내가 미워집니다

타인인 줄 알면서
서러운 마음
그리운 마음
보고 싶은 마음
잊지 못해 애태우는
내가
정말 미울 뿐입니다.

낙산사 홍련암

마음이 울적하고
외로움 느낄 때
바다와 관세음보살님
만나러
낙산사 갑니다

가장 먼저 해 뜨고 해 지는
낙산사 홍련암
그곳에 가면
외로움 없고
그리움 생겨

홀연히 먼 길 마다 않고
관세음보살님 품에 안기려고
낙산사
찾아갑니다.

아름다운 추억으로

내 안에
깊숙히 파고든 임이여
그 무엇
하나라도
버릴 수 없는
소중한 임
임은
내 목숨과도 같습니다

진실로
임을 기다려온
지난 시간들
임의 향기로 채워진
나의 삶

가슴에
묻어둔 미련과
애틋한 정까지
소중하게 나 혼자만의
아름다운 추억으로
고히 간직하겠습니다.

아내에게

여보
사랑해요
여보 슬프고 아프면 말해줘요
내가 같이 슬퍼하고
같이 아파할께요

여보 힘들면 말해줘요
내가 힘이 되어 줄께요
당신이 힘들고 아파하면
내 마음이 아파요
당신이 슬프면
나도 슬퍼 눈물이 난답니다

여보 무엇이든 말해줘요
당신을 위해서라면
무엇이든 내가 다 해주리다
여보
사랑해요.

늘 같은 마음

너와 내가
사는 곳이 달라 같이 있지는 못해도
네가 미소만 지어도
나는 행복하단다

알 듯 모를 듯
네 마음 알 수는 없으나
네가 그리울 때가 있구나
너를 사랑하는 마음
시작과 끝은 늘 같은 마음이란다

그리워하는 마음도
늘 같은 마음이란다

가끔은
너의 밝은 미소
내게 보여주렴.

이른 봄

바람이 차가워도
봄은 오고
길 위엔
아지랑이 피겠지

그 추운 겨울
용케도 참아내
동장군 물리친 여세 몰아
긴 잠 깨우면

봄나물 파릇파릇
용솟음치고
버들가지 부풀어
움트는 날

나물 캐는 아낙네의
바구니엔
봄이 가득 채워지겠지.

봄을 기다리며

새벽바람은
향기롭게 코끝을 스치고
눈부신 햇살은
세상을 밝혀줍니다

봄을 찾아가는 겨울 문턱에서
대지의 숨소리는
온누리에 퍼지고
바람은 여정을 풀 듯
그리운 가슴 찾아드니
미워하지 않고
가슴 따뜻하게 열어놓은
여인들의 숨소리처럼 향기롭다

아 그리워라
내 마음은
누구를 기다리는지
마냥 그립기만 하여라.

황혼길

내 인생
절반이 훌쩍 넘어
어느새
황혼길에서
지나온 긴 세월
뒤돌아보니
푸르고 청정한 길만은
아니었습니다

느즈막히
좋은 인연으로 벗이 되어
마음 기쁘니
노을빛 닮은 여유로움으로
소박한 황혼길 살으렵니다.

사랑 · 1

이 좋은 세상
무엇이
그리도 그리워
사랑이란 두 글자
가슴에
새겨놓고 애태우나요

임이여
세월따라
마음도 식어가고
뜨거운 피도 식어가니
지난 세월이
한없이
그리웁그려.

사랑 · 2

그대와 하나가 되기 위해
손잡을 때
바람은 차고
가슴은 뜨거웠습니다

어떠한 경우라도
무너지지 않은
산같은 사랑이고 싶었기에
그대와의 질긴
그리움의 노끈 움켜지고
못다한 사랑
가슴 드리울 때

나는
그대의 이름만 들어도
내 가슴은
벅차 오릅니다.

사랑 · 3

그대여
내가 이 세상 떠날 땐
아름다운 금수강산 그리고
봄바람도
산새들의 노랫소리도
아름다운 나의 추억도
모두
두고 가겠소

그러나
단 하나
당신의 깊고 큰 사랑만큼은
가져가겠소.

사랑 · 4

나에겐 당신이라는
애틋한 사랑 하나 있어 감사하고
늘 곁에 있어주어 더 고맙고
포근한 사랑으로 감싸주어
정말 고맙습니다

봄 여름 가을 겨울이
몇 번을 가고 오고
여러 해 늘 곁에 있어도
그리운 당신

볼 수도 만질 수도 없는
사랑이라 하지만
그 애틋한 사랑 하나
소중하게 내 가슴에
담겨 있답니다.

곁에 있으니

내가
무엇을
더
바라겠습니까

눈을 감아도
보이는 것이 그대 얼굴이요
만나는 시간마다
보이는 것이 그대 모습이니

그토록
사랑하는 이가 곁에 있으니
보면 볼수록
가슴이 벅차오르니

내가
무엇을
더
바라겠습니까

마음의 길 · 1

세상에 태어나면
가는 길은 누구나 한 길
가는 길에는
좋은 길도 있을 것이요
험난한 길도 있을것이니
앞도 보고 가고
좌우를 살펴보고 가기도 하지요

아무리 반듯한 길도
옆으로 가면 옆길이요
뒤로 가면 뒷길입니다
휘어진 길을 간다 해도
내가 바르면 바른 길을 가는 것이요
내가 바르지 못하면
바르지 못한 길을 가는 것입니다

내가 없으면
길도 없는 것이니
무슨 길인들
소용이 있겠습니까

마음의 길 · 2

진실한 마음은 진실을 낳고
거짓된 마음은 거짓을 낳는다
진실한 마음은
나와 남의 마음을 건강하게 하며
거짓된 마음은
나와 남을 병들게 한다.

생각과 마음이 곧바르면
말과 행동이 곧바르며
마음이 진실하고 바른 사람은
얽매임이 없어
마음이 맑고 순수하다

마음이란
가질 수도 볼 수도 없어
스스로 다스려야 하며
다스려진 마음은
몸과 마음을 건강하게 한다.

마음의 길·3

말이 길고
매끄럽고 유창한 말 속에는
허위와 불안하기가 십상이다
말수가 적고 부족한 듯한
서투른 말은
오히려 진실함이 있고
듣는 사람이 생각할 수 있는 여유를 준다

말은
경험의 세계와 무한한 초월의 세계에서
생겨나는 것이므로
엉성하고 명확하지 못한 말은
매끄럽고 유창한 말보다
신뢰와 진실을 줄 수 있다
진실한 말은 마음에서 나오며
진실한 말은
마음의 길이기도 하다.

아마도 나는

그대여
날이 가면 갈수록
그대 향한 그리움이
산처럼 쌓이고
천 배는 더 깊고
만 배는 넓어져
사랑이
하늘 같은 사랑이 아닌지요

그대여
이 봄엔 꽃보다 먼저 피는
사랑되어
그대 가슴에 안겨주고 싶습니다

그대여
아마도 나는
이 세상 태어나기 전부터
그대를 사랑하고 있었나 봅니다.

형님, 우리 형님

- 홍귀종

형님 형님
우리 형님
존경하는 우리 형님
사랑하는 우리 형님
어버이 같으신 우리 형님

어인 청천벽력 같은 전갈입니까
이제는 먼길 가시렵니까
이 아우 홀로 두고 멀고 먼 고향으로
홀로 가시렵니까
형님께 받은 은혜 하늘 같은데
베풀어준 그 많은 사랑
어이 갚으라고 어느새 내 곁을 떠나시렵니까

형님 형님
우리 형님
가슴이 미어집니다
눈물이 한없이 흐릅니다
통곡이라도 하고 싶습니다

형님
눈감으면

인자하신 형님 모습이 눈앞에 아른거려
눈물만 한없이 흐릅니다

며칠 전 형님을 뵈올 때 형님께선
아우야, 아우야
자네가 쓴 글이 어쩌면 그렇게
내 마음과 같으냐며
이 아우를 칭찬하던 형님 얼굴이
눈에 선합니다

형님
이 아우 가슴 한켠에 언제부터인가
깊이 형님이 계시답니다
형님과 나의 아름다운 우정
잊지못할 추억으로 고히 간직하겠습니다

형님
편히 잠드소서
형님
극락왕생 하옵소서.

편지 · 1
- 김하리님

나는
내가 앉아있는 자리를
꽃방이라 부릅니다
꽃집에 있을 때면
무엇인가 쓰고 싶어집니다
나의 꽃방은 관엽수도 있고
침엽수도 있고 그대도 함께 있어요

나와 임의 시와 음악이
어우러져 사색에 잠기면
옛일도 생각하고
내가 사랑했던 임들을 생각한답니다

살며 생각에 잠길 때면
부모님을 생각할 땐
불효한 생각에 눈물도 흘리고
아내를 생각할 땐
더 잘해주지 못한 것이 생각나
미안하여 가슴이 저려오고

자식들을 생각하면
더 가르쳐주지 못한 것이 안타까워
마음 아프고
손주들을 생각하면
입가에 미소가 떠올라 보고 싶고
친구들과 사랑했던 임들을 생각하면
기쁘기도 하고 아쉽기도 하고

기쁜 생각이 들면 웃기도 하지만
슬픈 생각이 들때면 나도 모르게
눈물도 흘린답니다

김하리님
그래도 황혼길에 들어
김하리님과의 인연으로
외롭지 않게 글이라도 써가며
나날을 보낼 수 있도록 마음 열어준게
얼마나 행복한지!

그대가 너무너무 감사하답니다
이렇게 지난 일들을 정리도 해가며
시간을 보내고 있는 것이 모두
김하리님의 은혜라 생각합니다

김하리님
언제부터인가 임은 나에게
스승님 같기도 하고
짓궂게 장난치고 싶은 친구 같기도 하고
사랑스런 동생 같기도 하고
내 마음에 그대가 위안이 될 때는
내 어머니 같기도 하답니다

이렇게 모든 생각을 하여주는
모든 원천이 나는 그대가 있기에
가능한 것 아닌가 생각합니다

존경하고 사랑하는 김하리님
나는 이 세상 떠날 때까지
그대를 잊지 못할 것입니다
떠나더라도 당신을 가슴에 담고
떠날 것입니다

만약에 다시 태어난다면
더 좋은 인연으로 다시 만났으면 합니다
꿈에도 잊지못할 김하리님

이 생명 다하는 날
이승을 떠나 저승갈 때
내 곁에 다가와 당신의 고운 목소리로
시나 한 수 읊어주면
나는 행복하게 극락갈 것입니다

내내 건강하세요.

편지 · 2

- 며느리에게

우리 며느리 요즘
배는 불러 앞산만하고 걸음걸이는 양반인 양
팔자걸음를 걷는 우리 며느리
나드리를 나설 때면 아들은 호위하듯
상전 모시듯하는 모습
나는 그 모습이 퍽이나 좋아보인다

배가 불러 앞산만한 그 배에는
우리 손주가 있기에 보기가 아름답다
그 배불뚝이 며느리가 예쁜 이유는 또 있다
우리 가정이 힘든 시절 있을 때
며느리가 우리 가족에게는
위안도 돼주고 웃음도 주었기 때문이다

아가
손주가 태어나면 우리 손주
이름은 무엇으로 지을까
아들이면 동재라 지을까 동수라 지을까
딸이면 동희라 지을까 동순이라 지을까
더 좋은 이름이 없을까 생각이 많구나

새 아가
딸이면 어떻고 아들이면 어떠냐
우리 새 아가처럼 착한 딸이면 더 좋지 않으냐
건강하고 이목구비만 뚜렷하면 되지 않겠니

무엇보다 약해보이는 듯한 새 아기가
건강하면 더 바랄 것이 없지 않겠니
손주가 태어날 날이 하루하루 다가오니
어떤 녀석인가 기대된다

새 아가야
너는 우리에게 사랑과 행복을 주었고
그것도 모자라 이제는 손주도 안겨주니
요즘 나는 얼마나 행복한지 모른다

아가야
모름지기 어미란
자식만 낳는다고 다 어미가 아니란다
어미는 자식을 낳으면 죽을 때까지 자식을
책임질 줄 알아야 한단다

젖은 자리는 어미가
마른 자리는 자식이
자식이 아파하면 어미도 아프고
자식이 기쁘면 어미도 기쁘고
그것이 부모 마음 아니겠느냐

아가야
숙명으로 알고 너의 행복과 즐거움은
가정에서 찾아야 한단다
우리 가족은 이제
네가 기쁘면 우리도 기쁘고
네가 슬프면 우리도 슬프단다
기쁨도 슬픔도 함께 나누는 것이
가족이 아니겠느냐

아가야
네 시어머니와 나는 살아온 날보다
살아갈 날이 얼마 남지 않았단다
아비는 이제 황혼길이지 않느냐?

이 아비가 너에게 바라는 것이 있다면
너희들이 잘사는 모습이란다
너희 부부와 동리 채정이 그리고 태어날
우리 손주 우리 가족이
행복하고 건강하고 화목한 가정이란다

아가야
부부지간에 서로가 존중하고
서로 이해하는 마음을 가지면
사랑은 저절로 나온단다
그리고
우리 아들과 며느리는 항상 이해하는 마음
넓은 마음 넓은 생각 이웃을 사랑할 줄 아는
따뜻한 가슴을 가진 사랑스런
내 아들과 며느리가 되길 바란다

부디 건강하고 행복하거라.

한복집 아주머니

어머님이 돌아가신 지도 어느새 오년이 다가옵니다
생전에 어머님께서 형님 아우님하시며
지내시던 분들이 여럿 계셨는데
그분들 중에 한복집 아주머님은
일본 유학도 다녀오시고
불심이 깊으신 훌륭한 분이십니다

어인 일인지 어머님이 돌아가신 후
한복집 아주머님이
내가 좋아하는 묵이며 무말랭이등 밑반찬을
가끔 해주십니다
어머님이 돌아가신 지 몇해가 지났는데도
한복집 아주머니를 통해
나는 어머님 반찬을 먹고 있는 것입니다

어머님은 살아 생전에 많은 분들에게
베푸는 모습을 보긴하였으나 사후에
어머니의 마음으로
어머니의 사랑을
받고 있습니다

연로하신데도 불구하고
몸도 불편하신데도

구부정한 허리에 배낭을 메고 이 아들 주려고
서너 가지 반찬을 해 가지고 누가 볼새라
슬그머니 놓고 가시는 아주머니
어머님 생각이 더욱 납니다

아주머님께 용돈이라도 드리면
굳이 사양하시다 마지못해 받으시면
그 돈으로 또 반찬을 해주시는 아주머님

어머니
한복집 아주머님을 뵈오면
어머니 생각이 더욱 납니다
우리 어머니는 하늘나라에서
지금은 무얼하고 계실까
어머님이 더욱 보고 싶습니다
한복집 아주머님은
나에겐
어머니 같으신 분입니다

한복집 아주머니
부디 건강하세요
그리고
너무 고맙습니다.

어머니

어머니 미안해요 죄송해요
어느 날
드라마를 보는데 실명失明이 얼마 남지않은
한 할머니를 보다가
문득
어머님께서 눈이 어두워 아들을 보고도
누구시유 하시던 어머님의 목소리가
지금도 들리는 것 같아
가슴이 미여옵니다

어느 날 큰집 계신 어머님께서 전화하시어
애비야 안경이 잘 안 맞는 것 같다며
안경을 새로 맞추어 달라시기에
안과를 모시고가 검사하였는데
의사 선생님 말씀이 치료 시기가 너무 늦어
수술해도 소용이 없단 말을 듣고
얼마나 마음이 아프고
죄송스러운지요
어머니 미안해요 죄송해요
자식의 도리를 못하여

어머님이 눈이 어두워 얼마나 불편을 느끼셨는지
생각만 하여도
너무나 죄송스러워 눈물이 납니다

어머니 이 아들도 늙어가
눈이 조금씩 나빠지는 것같은 생각이 드니
더욱 어머니 생각이 납니다
어머니 정말 미안해요
이 불효 자식을 용서하여 주세요

어머니
제가 11살 때인가요
뇌염이란 중병을 앓고 있을 때
어머니께서
11살이 된 큰 덩치의 아들을 등에 업으시고
오리五里도 넘는 거리를 이 병원 저 병원으로
이 아들 병신이나 되지 않게 해달라고
의사 선생님들에게 애걸하시던 어머니

병을 앓고 난 뒤에는 공부를 너무 못해
선생님을 찾아다시니며
잘 지도해 달라시던 어머니

하루인들 한 시간인들 어머님 은혜
어찌 잊으오리까
이 아들은 어머님께 아무것도 해 드린 게 없이
속만 썩혔으니 생각만 하여도 어머니
정말 미안해요 어머니

어머니
내가 죽어 어머니 곁으로 간다면
그때 가서라도 효도할께요 어머니
어머니 미안해요.

어머님 · 1

어머님 마지막 가시는 길
슬프고 애석해도
이 아들은 어머님을 잡을 수가 없었습니다
혈육처럼 돌봐주고
자식처럼 키워준 사람들과
일가 친척이 많아도
어머님을 대신할 사람은
아무도 없었습니다

끝내는
어머님을 뜨거운 불길 속으로 보내고
한줌의 재로 돌아오신 날
하늘도 슬픈 듯이 울었습니다
아
애닯게 통곡해도
다시는 못오실 어머님
그립습니다.

어머님 · 2

어머님 생전에 효도 한번 못해 본 나는
돌아가신 지 어언 오년이 다가와도
늘 어머니 생각만 하면 가슴이 미여진다

문득문득 어머님 생각에
밀머리 옛집을 찾아가기도 하고
과수원이 있던 들녘을 찾아가면
들녘은 온데간데 없고
아파트 숲만 우뚝우뚝 서 있다
어쩌다 꿈을 꾸면
전혀 알지도 못하는 곳을 찾아가
어머니의 옛모습을 찾아 헤매기도 한다

언제나 꿈은
황량하고 삭만한 지
한번도 어머님 품에 안겨본 적이 없다
어머니하고 부르며
꿈에서 깨면

어머님이 돌아가셨다는 사실에
가슴이 절여오고
가슴이 찢어지는 듯 아파온다
아마도
불효막심한 형벌로
가끔 꿈을 꾸게 하고
이렇게 애타게 어머니를 그리워 하며
가슴 아파하게 하나 보다

어머님이 돌아가실 때 어머님께선
며느리를 물끄러미 쳐다 보시며
손을 꼭잡고
에미야 미안하구나
이제는 너밖에 없다시며
눈을 감으시던 어머님
어머님 그립습니다.

탄생

나의 생년월일은
음력 1945년 6월 28일
양력 1945년 8월 8일이라고
어머님은 늘 말씀하셨다
어머님 이십칠세
아버님 삼십칠세 되던 해에 나를 낳으셨다

할아버지 할머니가 해방둥이라고
그것도 태어난지 칠일만에 해방됐다 하여
무척 귀여워하셨단다

내가 태어나기 전
어머님 말씀을 빌리자면
할머님의 오라버니 되시는 분 중에
독립운동을 하시던 분이 계셨는데
툭하면 할머니를 데리고 가시면 몇 달이고
독립군들 밥을 해주고 오셨다고 한다
그리하여
열세 살에 시집온 어머님이 집안일을 다 하셨으니
어머님의 고생이 이만저만이 아니었을 것이다

할아버지께선 벼농사를 지어
방앗간에 방아를 찧으려고
벼를 싣고 방앗간에 가시면
아예 며칠 후에
빈 수레만 끌고 오신단다
아버지 어머니가
왜 빈 수레냐고 물으시면
도둑놈에게 끌려갔다 오신다고 하신단다
할아버님은 그렇게 해서 일년 농사지은 쌀을
독립운동하는 처남에게
몽땅 갖다 주었다고 한다

아버님이 쌀 이야기만 꺼내놓으면
할아버님은 얘야 국유연후유신이란다
잊지 말라고 하셨다고 한다

나는 광산 김씨 공안공파 광허공 후손으로
혈통을 이어받은 것을 가슴 뿌듯하게 생각한다.

누나

고모님댁에 놀러가면
누나가 있었다
명순이 누나

나는
누나라고 부르기만 해도 누나가 좋았다
아내를 만나 결혼을 하려고 할 때도
누나에게 데리고 가
승낙을 받고 싶어 찾아가기도 했던 누나

우리 누나 대학 다닌다면 친구들에게
자랑했던 누나
어머니 돌아가셨을 때
누나가 찾아와 더 서러웁게 울었답니다.

누나는 아내에게
선뜻 끼고 계시던 팔찌를 끼워주며
그동안 어머니 모시고 사느라고 고생했다며
등을 도닥거려 주면서
포근히 안아주던 누나

서로 다른 길을 가며
오랜 세월 속에 묻혀있던 그 말
누나
누나는 우리에게
어머니 같은 누나랍니다
언니라는 말과 또다른 누나라는 말

누나가 있기에 존재하며
누나가 있기에 왠지
너그럽고 푸근하고
불러도 불러도 그리운 말
누나

어머님 돌아가신 후 더욱
쓸쓸한 나에게
마음의 고향처럼 느껴지는
그리운 나의 누나랍니다

명순이 누나
사랑합니다.

구름

외로이 흘러가는
한 조각 흰 구름아
그대는 이 밤을 어디에서 쉬려하십니까

산새 소리 흐르는 물소리
바람 소리도 정겨운데
주막인 양 잠시라도 머물다 가시지
그대는 이 밤을 어디에서 쉬려하십니까

쓸쓸히 흘러가는
한 조각 흰 구름아
그대 그리워 가슴만 태우는
장승같은 임을 보아
고향인 양 잠시라도 머물다 가시지
그대는 이 밤을 어디에서 쉬려하십니까

기도 · 1

그대 나를 만난 후
조금씩 조금씩 예뻐지더니
이제는 당신없이 못살 것 같습니다
그대를 보기만해도 행복하고
가슴이 뭉클할 때도 있지만
눈에 넣어도 아프지 않을 그대
품에 안으면 가슴에 녹아 스며들 당신

어느새 잔주름이 늘어가는
당신의 얼굴을 보면
콧등이 찡해지고 눈시울 뜨거워져
나를 울립니다

아
세월아 가지를 마라
시간아 멈춰다오
우리 사랑 영원하게
우리 사랑 영원하게

하늘에 기도했네.

기도 · 2

어쩌면 우리는
사랑하기에도 짧은 인생을
그냥 맴돌고 있는지도 모릅니다
그대와 나 얼마나 만나기 어려운 인연인가요
그대의 사랑을 받으려고
안스러운 마음으로 서성이기보다
아낌없이 나의 사랑을 그대에게 바치겠습니다
그리고 그 행복한 씨앗 하나 마음에 품고
떠날 수 있다면 더욱 행복하게 생각하겠습니다

그대여
오늘의 아름다운 하루가
사랑함으로써 당신에게
늘
좋은 날이길 기도합니다.

기도 · 3

남들이
나를 옳다고 하든
그르다고 하든
그리고
잘하든 못하든
남의 탓하지 않고
듣고도 못 들은 척
보아도 못 본 척

더러운 세상 물들지 않고
깨끗한 세상에서
좋은 일만 하고
좋은 일만 있도록
기도했네.

회심回心

살아온 길을 뒤돌아보니
꿈처럼 세월은 가고
허무하게 앉아있는 이 자리는
예나 지금이나 변함없이 그대로인데
주름진 얼굴에 검은 머리 희끗희끗
흰눈 내린 듯 백발이그려

또다시 봄이 되니
살아 있다는 것이 감사하고 나의 주변엔
친구들과 사랑하는 사람들이 있어
더 고맙게 느껴지기도 합니다

사랑하는 사람들아 친구들아
회심곡에 말하기를
인생 백년 산다 하여도 병든 날과 잠든 날
근심 걱정 다 제하면
사십 년도 못 산다 하는데

내 인생도 이것저것 다 제하니
몇 년 남지 않은 것 같은데

친구들아
사랑하는 사람들아
이것저것 따지지 말고
그냥 그렇게 남은 인생 서로 사랑하며
즐거운 마음으로 살아보세.

어느 날

봄비
부슬부슬 내리는
어느 날
시와 음악
낭만이 있는
나의 꽃방

관엽수
침엽수
꽃들로 넘실거린다
구수한 커피향에
흠뻑 젖어
지긋이 눈을 감고
추억 속으로
긴 여행을 떠나본다.

사랑의 명줄

그래 너는
사랑이라는 것을
죽어도 버릴 수가 없단 말이냐

어리석은 자야 그렇거든
사랑이라는 것을
네 멋대로 끌고 다니다가
쉬고 싶으면 쉬고
살고 싶으면 살고
죽고 싶으면 차라리 사랑의 명줄을 끊어라

어리석은 자야
이 세상에 이마에다 사랑이란 글자 새기고
다니는 사람을 보았느냐
사랑이란 두 글자에 목을 매어
울고 웃는 짓을 하려거든
차라리 사랑이라는 명줄을 끊어버려라
그러면 너는 자유를 얻으리라.

하인

다른 사람들은
하인이 되기보다는
상전이 되길 원하겠지요
그러나 나는 기꺼이
그대의 하인이 되겠습니다

왜냐하면
그대의 하인이 되면
늘 그대와 함께 있을 테니까요

그대여
그대의 하인이라고
다른 사람들을 위한 일은
시키지 마시오

나는
오로지 당신만을 위한 하인이
되고자 할 뿐입니다.

새마을 지도자들에게

지난 해는
말로는 다 할 수 없을만큼
내 생애 이렇게 많은 열정과
사랑을 쏟아보기는
처음인가 봅니다

그래도
늘
지도자들이 곁에 있어 힘이 되었고
사랑이 가득한 행복한 한 해였나 봅니다

지도자들은
때론 가족같이
때론 동생같이
늘 내게 버팀목이 되어주었답니다

나는
새마을 지도자들을
한 번도 타인이라 생각한 적 없다오

나는
새마을 지도자란 이름만 불러도
친근감이 들고
늘 곁에 있는 것 같다오

지도자 여러분
모쪼록 새해에는
가정 화목하고 건강하고
날마다 좋은날 되길
기원하겠습니다.

문득 생각해보니

문득 생각해보니
지난 세월이 좋은 시절만은 아닌 듯
아팠던 세월 생각해보니
가슴이 아려 오는구료

그대와의 긴 인연 끊는 소리가
가슴 찢어지는 아픔이었다오
지난 날
모든 상처 이제는
아물 때도 되었건만
임은
아직도 피를 토할만큼
미움 그리고 원망이 남았나요

그대여
내겐 더 이상 미움도 원망도
모두 떠나 버렸다오
이젠
내 가슴엔
따스한 사랑만이 남았답니다.

인연 · 1

당신의 얼굴은 무엇이길래
당신을 그려보기만 하여도
내 마음을 훤히 비춰주나요
당신의 얼굴은 태양인가요
당신의 얼굴은 보름달인가요

그대의 마음은 무엇이길래
당신을 생각만 하여도
이렇게 애타게 그리운 것은
사랑인가요
인연인가요

나는 단 하루라도
그대 생각 안 한다면
나에겐
해도 없고 달도 없는
암흑이랍니다.

인연 · 2

불쑥 내민
커피 한 잔 앞에 놓고
신문 너머
힐끔 훔쳐보니
무엇이 그렇게 서운한지
너는
눈길조차 없구나

참으로 너와는
묘한 인연인가
미워할 수도
좋아할 수도 없는 사람
진실은 아득히 보이지 않는데
어느새
해는 서산에 넘어가는구나.

2부

그대여

그대여 · 1

남들은
달 밝은 밤이나 비오는 날
임이 그립다고 합니다
그러나
나는 고요한 밤에
옛노래를 듣고 있으면
임이 그립습니다

거리를 걷다가도
임과
비슷한 사람을 보면
임이 그리워
눈물이 납니다

그대여
그때의 그 눈물
남에게 보일 수 없어
눈물을 삼키고 삼키니
내 안으로 흘러흘러
가슴이 쓰리고 아팠습니다.

그대여 · 2

오랜 세월
곁에 두고 보아도
내 가족처럼
보고 또 보아도
믿음과 사랑이 넘치는 그대여

언제나 곁에 있어도
늘 그리웁고
항상 챙겨주고 싶은 그대여
괜한 생트집에도
환한 미소로
마음 편안하게 해주는 그대여

외로울 때
힘들고 어려울 때
그리움이 가득할 때
많이많이 생각나는 사람이
나였으면 좋겠습니다.

그대여 · 3

그대여
노심초사 지나친 염려
그대 마음 아프게 하였나요

그러나
그대여
꽃보다 더 예쁜
당신이기에
나는
늘 당신이고 싶습니다
그리고
당신은 나이길 바랍니다

그래야만
당신이 어디에 있든
어디로 흘러가든
나는
늘
당신 곁에 있을 테니까요.

그대여 · 4

그대여
나를 보면
소나무 갉아먹는
송충이 보듯 하지 마오

나는
그대를 보면
품에 안으면 꼭
내 가슴에 녹아들 것같은
그런 마음이라오

그대여
나를 보면
강 건너 불구경하듯 하지 마오

나는
그대를 보면
노심초사
불면 날아갈까
만지면 터질까

천년 만년 살고픈
그런 마음이라오

나는
외로움을 느낄 때
가장 두렵습니다
언젠가
그대에게 잘못이 있을 때
적막한 외로움에
나는
두려움을 느꼈습니다

또한 그때
그대가 그렇게
그리운 줄 몰랐습니다

그대여
나는 외로움을 느낄 때
가장 두렵습니다
그대여
나에게 더 이상
외로움을 주지 마옵소서.

부녀회는 새마을꽃

우리 새마을엔
세상에서 가장
아름다운 꽃이 있습니다

그 꽃은
줄기도 없고 잎도 없습니다
그 꽃은
비가 오나 눈이 오나
항상 아름답게 피어 있습니다
그 꽃은
움직이기도 합니다
그 꽃은
움직일 때마다 더욱 향기나는 꽃이랍니다

새마을엔 세상에서
가장 아름다운 꽃이 있답니다
그 꽃은 바로
새마을꽃이라 합니다.

끝내는

임을 사랑하면
안 되는 줄 알면서도
사랑하는 내가 어리석은가요
옳지 않은 줄 알면서
그대 생각
멈추지 못하는 내가 어리석은가요

임이여
나는 하는 일도 스스로 모르고
영혼마저 빼앗겨
내 몸엔 나는 없고
온통 그대 뿐입니다
이러면 안 되는 줄 알면서
늘 그대 곁에서
서성이는 내가
정말 미워
끝내는 울고 말았습니다.

나는 누구도 사랑하지 않습니다

그대여
나는 그대에게 반하지 않았습니다
다만 그대가 참 좋을 뿐입니다
그대에게 더 가까이
다가갈 수 없음을 슬퍼할 뿐입니다
그러나 그대와 내가
같은 하늘 아래서 살고 있음이
위로가 될 뿐입니다
나는
그대에게 아무 것도 바라지 않습니다
어떤 말도 동정도
그리고 수수께끼같은 그대의 삶도
알고 싶지 않습니다

그대여
가끔 떠오르는 것은
내가 사랑에 빠져있다는 사실과
그 누구도 사랑하고 있지 않다는 사실입니다
그대를 잃고 싶지 않기 때문에.

오해 · 1

임자 있는 배
주인 노릇 하자는 것 아닙니다
사랑이란 이름으로
당신을 어떻게 하려는 것도 아닙니다
다만
그대가 사랑스럽기에
내 마음만으로
순수한 그 자체만으로
그대를 하냥
좋아할 뿐이랍니다
그대여
편한 마음으로
순수한 그 자체만으로
한세상
그냥 그렇게 살아감이 어떻겠소

나는 오직
그대의 마음을 탐할 뿐이라오.

오해 · 2

마음이 넓은가
오지랖이 넓은가
그대를 타인이라 생각하지 않았소
그대 모습이 너무나
사랑스럽기에
따스한 마음 하나로
그대의 애틋한 마음 하나
얻으려는 몸부림일 뿐
무슨 상상을 하겠소

그대가 있었기에
행복했답니다.

이 몸 녹여

오늘도
오손도손 이야기하다
돌아선 지 한 시간
나는
그대가 또 보고 싶그려

아마도
그대와 나는 전생에 무슨
인연이 있기에
사랑의 연을 끊을 길 없어
곁에 있어도
보고 있어도
그리운 것일까

아
차라리 이 몸 녹여
그대 안에 스며들어
이 세상 끝까지
그대와 함께 영원하길.

투정

그대여
그대가 만나자고 애원해도
이제는 나도 튕겨봐야 되겠소
그래도 애원한다면
마지 못해
만나주기는 할지 몰라도
싸늘해진 내 마음
풀어지길 기대는 하지 마오

혹시나 내 마음 풀어진다 해도
전과 같이 애뜻한 사랑일랑
바라지 마오
그래도 당신이 잘못했다고 사과한다면
용서는 할지 몰라도
포근히 안아주진 않을 것이요

그대여
더 이상 내 마음 아프게 한다면
그때는 하냥 울어버릴 것이요.

고백

나는 당신을
사랑한다고 말하지
않겠어요

다만
당신의 손을 꼭잡고
당신이
내 곁에 있어주면
고맙다고 말하겠어요

그래도
내 마음 몰라준다면
포근히
당신을 안아주면서
당신이 가는 길이라면
어디든지
나도 같이 갈 것이라고
말하겠어요.

찻상

공방에서 사온 찻상
애틋한 마음으로 산 거라서
마음이 담겨 있다오

이 찻상
오래두고 쓰시길 바라지만
행여라도
마음에 들지 않거들랑
길가에 버릴지언정
남에겐 주지마오

찻상에 깃든 마음
남에게
보여주고 싶지 않아서라오.

술이란

투명한 유리잔 속에 비친
홍조 띤 얼굴
기울이는 잔 속에 오고가는 정담
영글어가는 추억 속에
인생을 논하며
술이 술을 먹다보면
혼몽이 혼란불러
추억이 아픔되고
정담이 악담된답니다

적당히 알맞게 들면 기분이 좋고
삶을 매끄럽게 해주는
활력주라오
술을 이기는 자 적당히 마시고
술을 못 이기는 자 마시지 말그려

술은
독도 됐다 약도 됐다 한다오.

꿈

임이
그리울 때면 조용히 속삭이듯
임의
이름을 불러봅니다
임의 모습이
새록새록 떠오를 때면
나도 모르게
눈물이 나
가슴이 미여옵니다

그대여
어제밤 꿈 속에선
아픔을 부여안고 의지할 곳 찾아헤매다
끝내는 그대 품에서
원망도 한탄도 사르르 녹아
악 물었던 내 입술
환한 미소로 변했답니다.

오직 그대가 그리울 뿐입니다

생명이 있는 것엔
새순이 돋아나듯
침묵에 잠긴 내 마음 살며시 돋아나
연두빛 보석같은 그대의 손에
입맞춤하고 살포시 끌어 안으면
숨쉴 때마다
내 입술에 이슬 냄새 젖어올 것 같습니다

그대여
당신의 마음 가까이에
두지 않으면 안 되는 마음인데
늘
당신의 눈에 벗어나 있어
나를 잠들지 못하게 합니다

그대여
멀리 떨어져 있는 나는
보이지 않는 당신의 모습이
오직 그대가 그리울 뿐입니다.

혼자만의 꿈이었던가

어질고
선한 인연이라 믿어
곁에서 즐겁고 행복하다 하였더니
혼자만의 꿈이었던가

진실한 마음과 마음이
만날 날은 아득히 기약도 없는데
어이 해 마음과 마음이
맺지 못하고
무엇이 그리도 애처로워
눈물만 흐르는가

살아갈 세월은 많지도 않은데
봄은 왜 이리 자주 찾아오는가
한恨만 산처럼 쌓이는구나.

가까이 하기엔 너무 먼 당신

아는 것
하나 없이
이름만 높아져 있구나
세상은 험하디 험한데
내게는
숨겨주고 지켜줄
총칼도 방패도 없다네

사방을
이리 보고 저리 봐도
내 곁엔
그대밖에 없는데
가까이 하기엔
너무 먼 당신
하냥 그리웁기만 하여라.

무너진 사랑

나의
애틋한 사랑은 무너지고
마음마저 허무하니
너무 외롭구나
가진 것은
달랑하나 사랑이었는데
그 마저
외면당하니
하늘은 먹구름이
내 가슴엔 슬픔이 가득
온세상엔
통곡 소리가 들리는 듯한데

그대는
아무렇지도 않은 듯이
꽃처럼
그렇게 웃고만 있구나.

부평초

비 오는 밤
문득 임 생각에
그리움은 가슴 가득 밀려오네
평생에 알고 지내던
임들은 많고 많다지만
그대같은 임은 만나기 싶진 않으리
어찌하랴

내 인생 덧없이 흘러만 가는데
사나이 진솔한 마음 누가 알겠소
아
부평초같은 인생
백발도 슬프건만
언젠가는
헤어질 그대
더 잘해주지 못한 것이 못내 아쉬워
베갯머리만 촉촉이 적시는그려.

회상

내 젊음은
어느새 추억이 되어버리고
덧없는 세월에 흰머리만 무성하네
떳떳하지 못한 지난 일들이
새록새록 떠오르고
풍파에 시다려온 긴 세월에
죄업만 쌓였구나

아
허망한 인생
꿈같은 내 인생
잠시 머물다 사라진
풀 끝에 맺힌 이슬인가
참으로 젊은 시절이 그리웁구나.

흙이 되어

새파란 나뭇잎
어느새 낙엽되더니
밟히고 밟혀
흙이 되어
새싹들의 거름이 되듯

나의 젊음도
어느덧 백발이 되어
인생 낙엽 황혼길인가
이 몸도
밟히고 밟혀
흙이 되어
어린 새싹들에게
밑거름이 된다면
살아온 삶
후회는 없으리라.

바람 부는 날이면

아직도 나는
포근한 마음으로
임을 맞이하고 싶은
둥지이고 싶은데
그대는
아는지 모르시는지

비 오는 날이면
임이
더욱 그리웁그려
그대여
바람부는 날이면
임에게로 가고 싶다
바람부는 날이면
바람따라
임에게로
가고 싶다
가고 싶어라.

너에게로 가면

주적주적 비는 오는데
요놈의 날씨는 왜 이리 더운지
가슴이 답답하구나
오늘따라 더욱 그리운 임
잘 도착하였다며
걱정하지 말라는 메시지
밤은 깊어 가는데 잠은 오지 않고
저리도록 쓸쓸한 이밤
가슴만 에이게 하네
서산에 넘어가는 초승달
너에게로 가면
임에게 갈 수 있겠니

임아
풀벌레 우는 소리에
내 마음도 슬피 운단다.

망상

무봉산에 오르니
산도 푸르고 들도 푸르고
청정한 하늘엔 물도 많구나
시원한 바람은
내 몸을 스치고
하늘엔 흰구름이 흘러가는데
외롭고 그리운 고뇌 끝에

내가
어디에 있는지
이제야 깨달으니
미움도 그리움도
모두가 헛된 망상이구나.

여행

풍경은
뒤로 흐르고
바람은 살갗을 스친다

나는
그대와 함께 있었고
그대는
나와 함께 있었다

마음속 깊이 살갑게 사랑하지만
그냥 그것 뿐
바람을 가르고
목적도 없이 그냥 달릴 뿐

외로움

그대를
잡아둘 수 없어
잔잔한 마음으로
그리운 가슴 열어젖히고
먼 하늘
물끄러미 바라보니

바람은
슬픈 듯이 불어오고
하늘엔
흰구름 흘러가는데

외로움 감출 길이 없구나.

인생무상

소년 시절이
엊그제 같더니
어느새
나를 닮은 손주 손녀 셋

젊음은 멀리 달아나고
몸의 기능은 추락하니
몸은 살아 있어도
세상이
나를 필요하지 않다 하네

아
어느덧 내 인생
지는 해와 같구나.

짝사랑

가슴엔
그리움이 태산 같아
터질 것 같은데
그대는
듣고도 못들은 척
보고도 못본 척
알면서도 모르는 듯이
무표정하니

그대는
얄미운 사람
참으로
원망스러운 사람

슬픔

네 갈 길 가는
너에게
무언가 전하려했지만
너의
깊은 마음 헤아릴 수 없어
말 못 하고
그냥 물끄러미
맑고 순수한 너의 모습 바라보며
헤어짐이 너무 아쉬워

슬픔을
슬픔으로 달랜다.

장승

그대 앞에서
초라함을 느낄 때
부끄러움도 개의치 않고
그대가 곁에 있어
언제나
즐거운 봄날이었다
고요히
눈을 감고 생각해 보니
지내온 날들이
운명인지

나는 외톨이 되어
그대 가슴 어귀 장승되어
그대를 기다린다.

작품 해설

내적 동경憧憬 그 서정의 미학
- 김선우의 시세계

조석구/문학평론가 · 문학박사

김선우 시인은 『들판을 적시는 단비처럼』, 『보름달 사랑』 등 두 권의 시집을 상재上梓하였다. 그는 이순耳順을 넘긴 나이에 시쓰기를 시작하였다. 열정passion은 자질이라고 했다. 시를 쓰는데 나이가 무슨 상관이랴.

릴케는 '시는 체험이다'라고 말하지 않았던가.

시쓰기는 먼저 자기 구원에서부터 시작되어야 한다. 적어도 시를 쓰는 사람은 그의 시 창작이 그 사람의 삶의 전부를 지배하여 스스로 삶의 의미를 발견하고 가치를 부여함으로써 정신의 구원, 영혼의 구원을 얻는다.

시인의 길은 인간에의 길이다.

시인은 부끄러움을 아는 사람이고, 뉘우칠 줄 아는 사람이고, 괴로워할 줄 아는 사람이고, 사랑할 줄 아는 사람이고, 끊임없이 용서하며 운명을 사랑하는 사람이고, 따뜻함이 있는 서정을 느끼는 사람이다.

공연히 세상에서 태어나서
사랑과 아픔 그리고 아쉬움과
그리움만 남기고

떠나갑니다.
공연히 이 세상에 와서
후손들이 영원히 살아갈 이 땅에
더러운 찌꺼기만 남기고
떠나갑니다.
그러나 단 하나
그 애틋한 사랑 하나
가슴에 담고 떠나갑니다.

「공연히」

인용된 시는 연가戀歌이다. 시집 『오늘도 사랑이라 믿어』는 연가 시집이라고 할만큼 연가풍의 시가 절대 다수를 이루고 있다. '사랑한다'와 '살다'의 어원은 같다고 한다. 사람은 사랑을 떠나서는 살 수가 없다. 새가 나무를 떠나서 살 수 없고, 물고기가 물을 떠나서 살 수 없는 것처럼.

그래서 사람들은 흔히 '사랑을 인생의 태양'이라고 말하고 있다.

다른 연가를 인용해 보기로 하자.

돌아서면
하고 싶은 말 있는 것 같은 사람

허공을 쳐다보면
하늘을 도화지 삼아
그 얼굴 그려보고 싶은 사람
한 번쯤은
만났던 사람 같은 사람
허락될 수 없어
다음 생에 만날 것을 약속한 사람
그대 얼굴 알 듯 모를 듯
생각나지 않아
자꾸자꾸 생각하게 하는 사람
자꾸자꾸 생각하니
이제는
마냥 그리운 사람
당신은 나에게 그런 사람입니다.

「당신은 그런 사람」

이 시는 그냥 단숨에 써내려간 시이다. 그만큼 사무치는 그리움이 충만해 있기 때문이다. 누군가를 그리워하며 살아간다는 것은 얼마나 아름다운 일인가. 누군가를 그리워한다는 것은 아직은 젊다는 것이며, 아직도 꿈이 있다는 것이며, 아직도 해야 할 일이 있다는 것이다. 사람은 누군가를 그리워하며 살아가야 한다고 법정 스님은 말했다.

시를 왜 읽는가. 시를 읽으면 마음이 편안해지고, 누군가 그리워지고, 슬퍼지고, 한이 생기고, 한을 극복하는 힘이 생기고, 그 한을 극복했을 때 생의 환희를 느낀다.

돈이 없고, 가방 끈이 짧고, 권력이 없어도 행복해진다. 시를 쓰는 일, 시의 길을 가고자 하는 일보다 궁극적인 뜻은 자아를 발견하고, 자아를 확립하고, 자기 극복과 자기 완성을 통하여 자기 구원을 성취해 나아가려는 데에 있다.

시는 아름다운 것이다.
시는 따뜻한 것이다.
시는 거룩한 것이다.

살아온 길을 뒤돌아보니
꿈처럼 세월은 가고
허무하게 앉아있는 이 자리는
예나 지금이나 변함없이 그대로인데
주름진 얼굴에 검은 머리 희끗희끗
흰 눈 내린 듯 백발이그려

또다시 봄이 되니
살아있다는 것이 감사하고 나의 주변엔
친구들과 사랑하는 사람들이 있어
더 고맙게 느껴지기도 합니다
사랑하는 사람들아 친구들아
회심곡에 말하기를
인생 백 년 산다하여도 잠든 날과 병든 날
근심 걱정 다 제하면
사십 년도 못산다 하는데
내 인생도 이것저것 다 제하니
몇 년 남지 않은 것 같은데
친구들아
사랑하는 사람들아
이것저것 따지지 말고
그냥 그렇게 남은 인생 서로 사랑하며
즐거운 마음으로 살아 보세

「회심回心」

우리는 종종 시어가 폭력적으로 결합하는 것을 본다.

관념이나 추상의 옷을 덧입고 시인인 체하는 것도 본다. 귀신 씨나락 까먹는 소리로 독자를 현혹시키는 시인은 시인이 아니다. 사마천은 시를 써서 하인에게 보여주어 하인이 그 뜻을 모르면 찢어버렸다고 한다. 김수영 시인도 시를 써서 식모에게 보여주어 그 뜻을 모르면 그 시를 버렸다고 한다. 독자가 시를 읽었을 때 우선 무슨 뜻인지 알아야 한다.

시적 화자는 예순이 훌쩍 넘었다. 회심곡을 즐겨 들을 나이가 되었다. 토머스 제퍼슨은 세상을 살아가며 친구 셋만 있으면 성공한 인생이라고 하였다. 인디언 말로 친구는 내 슬픔을 대신 등에 지니고 가는 자라고 한다. 시적 화자는 살아있는 것에 감사하고 친구들의 고마움에 감사한다. 인생 백 년 산들 그 아니 초초한가. 이 초초한 부생浮生에 아등바등하지 말고 서로 감싸고 보듬으며 여생을 즐기자고 한다.

'인생에는 두 가지 비극이 있다. 하나는 당신의 마음 속으로 간절히 바라는 것을 얻지 못하는 것이고, 다른 하나는 그것을 얻는 것이다.'라고 오스카 와일드는 말했다.

어쩌면 우리는
사랑하기에도 짧은 인생을
그냥 맴돌고 있는지도 모릅니다

그대와 나 얼마나 만나기 어려운 인연인가요
그대의 사랑을 받으려고
안스러운 마음으로 서성이기보다
아낌없이 나의 사랑을 그대에게 바치겠습니다
그리고 그 행복한 씨앗 하나 마음에 품고
떠날 수 있다면 더욱 행복하게 생각하겠습니다
그대여
오늘의 아름다운 하루가
사랑함으로써 당신에게 늘
좋은 날이길 기도합니다.

「기도 · 2」

시는 현실에 대한 절망과 삶의 갈등에서 출발한다. 이런 점에서 시는 근본적으로 부정 정신의 소산이라고 할 수 있다. 그러나 부정 정신은 부정에 대한 부정이기 때문에 오히려 강한 긍정과 화해를 지향하게 된다.

시는 진실하다. 시는 지식도 아니고 상식도 아니다. 시는 체험이 상상의 마차를 탔을 때 비로소 시로 탄생되는 것이다.

시적 서술자는 사랑은 에로스가 아니라 아가페라고 힘주어 말하고 있다. 사랑은 그냥 맹목적으로 몸과 마음을 바치는 거라고 말한다. 한 알의 밀알이 썩어야 더 많은 밀알을 얻는 이치로 희생과 봉사와 섬김이 사랑이라고 독자들을 설득하고 있다.

어제는 역사이고, 내일은 미스테리이고, 오늘은 우리에게 주어진 선물이니 오늘 하루를 아름답게 뜻있고 가치있게 보내야 한다고 역설한다. 그리고 사랑은 받는 것이 아니고 주는 것이니 사랑했으므로 행복했노라고 자위하는 것이다.

시는 시를 쓰는 사람의 내적 필연성에 의하여 그 사람 자신의 삶과 대등한 가치를 부여받을 경우라야만 그 시는 참되다고 믿는다.

하이데거는 '시쓰는 일이야말로 인간의 행위 중에서 가장 순수한 것이며 궁극적인 사명은 모국어의 완성에 놓여진다.'고 했다.

한 편의 시가 언어미를 획득하지 못하면 존재성을 획득할 수가 없다. 좋은 시는 핵, 알맹이가 들어 있는 시, 한 편의 시 안에 한 세계, 하나의 우주가 들어 있는 시, 이런 시는 존재성을 획득한 시이다. 그래서 시는 일말의 감동, 한 가닥의 공명, 한 순간의 전율이다.

신명이 나서 뿜어내는 한바탕의 광기이다.

하여 릴케는 쓰지 않고는 못 배길, 죽어도 못 배길, 그런 충동에서 시를 쓰라고 했다. 시인들이 시를 쓸 때는 무당이 접신하는 것처럼 엑스터시를 느껴야 하기 때문이다.

세상에 태어나면
가는 길은 누구나 한 길
가는 길에는 좋은 길도 있을 것이요
험난한 길도 있을 것이니
앞도 보고 가고
좌우를 살펴 보고 가기도 하지요
아무리 반듯한 길도
옆으로 가면 옆길이요
뒤로 가면 뒷길입니다
휘어진 길을 간다 해도
내가 바르면 바른 길을 가는 것이요
내가 바르지 못하면
바르지 못한 길을 가는 것입니다
내가 없으면 길도 없는 것이니
무슨 길인들 소용이 있겠습니까

「마음의 길」

고통받고 괴로움받는 사람은 아름답다. 고통스러운 것은 저마다 빛을 뿜어내기 때문이다. 행복과 기쁨이 충만하다면 시가 필요 없다. 불행, 고독, 결핍감 등 고통의 극복을 위해 시는 필요하다. 상처받은 영혼을 치료하기 위하여 시는 존재한다. 사람은 이 세상에 태어나는 순간부터 불공평하다. 그래서 하이데거는 '이 세상에 내던져진 존재'라고 정의하지 않았던가.

인생이란 무엇인가. 안개 낀 길이다. 사람은 이 세상에 태어나 죄 짓지 않을 자유가 있다. 인생이란 소가 외나무다리를 건너가는 것처럼 어려운 가시밭길이라고 했다. 인생행로가 아스팔트 길이나 탄탄대로이면 얼마나 좋겠는가. 인생길은 때에 따라서 구절양장九折羊腸인 것이다. 그래서 일찍이 현대인은 절망한다고 천재 시인 이상李箱은 말하지 않았던가. 그러나 죽을 수는 있어도 패배할 수는 없다고 헤밍웨이는 말했다.

모든 유혹을 물리치고 정신 똑바로 차리고 올바른 길을 가야 한다고 시적 화자는 열변을 토한다. 그렇게 하려면 마음을 지켜야 하고, 그 길만이 인간에의 길이라고 존재의 의미를 부여한다. 그리하여 사람은 죽는 날까지 자신의 영혼을 갈고 닦는 수도자가 되어야 한다. 시는 언어의 사원이며 시인은 움직이는 언어의 사원이다. 시는 결국 그 시인의 가식 없는 내면적 드러냄이다. 그래서 시는 진실하다. 지금까지 김선우 시인의 시집 『오늘도 사랑이라 믿어』를 일별해 보았다.

김선우 시인의 시는 지나친 기교와 말장난을 배제하고 평이한 시어로 건강한 이미지를 전달해 메시지가 선명하여 독자들에게 잔잔한 감동을 준다. 그리고 연륜이 있어 시의 톤이 무게가 있고 안정감이 있다. 쉽게 읽혀 독자를 고문하지 않는다. 시는 자연스러워야 하고 감동적이어야 한다.

김선우 시인의 시집 『오늘도 사랑이라 믿어』는 그동안의 작업을 총정리하는 의미있는 시집이 될 것이다. 그는 새로운 변신을 꿈꾸고 있다. 지난至難한 몸짓으로 확산될 그의 새로운 시세계를 기대해 본다.